BEI GRIN MACHT SICH IHR WISSEN BEZAHLT

AF167135

- Wir veröffentlichen Ihre Hausarbeit, Bachelor- und Masterarbeit

- Ihr eigenes eBook und Buch - weltweit in allen wichtigen Shops

- Verdienen Sie an jedem Verkauf

Jetzt bei www.GRIN.com hochladen und kostenlos publizieren

Stärkung der Willenskraft durch Übung

Annabell Etzel

Bibliografische Information der Deutschen Nationalbibliothek:

Die Deutsche Nationalbibliothek verzeichnet diese Publikation in der Deutschen Nationalbibliografie; detaillierte bibliografische Daten sind im Internet über http://dnb.d-nb.de abrufbar.

ISBN: 9783346580702
Dieses Buch ist auch als E-Book erhältlich.

© GRIN Publishing GmbH
Nymphenburger Straße 86
80636 München

Druck und Bindung: Books on Demand GmbH, Norderstedt Germany
Gedruckt auf säurefreiem Papier aus verantwortungsvollen Quellen

Das vorliegende Werk wurde sorgfältig erarbeitet. Dennoch übernehmen Autoren und Verlag für die Richtigkeit von Angaben, Hinweisen, Links und Ratschlägen sowie eventuelle Druckfehler keine Haftung.

Das Buch bei GRIN: https://www.grin.com/document/1167781

STÄRKUNG DER WILLENSKRAFT

DURCH ÜBUNG?

Von
Annabell Etzel
03.11.2021

Inhaltsverzeichnis

1.EINLEITUNG.. 1

1.1 Problemstellung... 1

1.2 Ziel des Assignments.. 1

1.3 Aufbau des Assignments.. 1

2.WILLENSKRAFT STÄRKEN... 2

2.1 Definitorische Grundlagen... 2
2.1.1 Selbstkontrolle..2
2.1.2 Willenskraft...4
2.1.3 „Ego Depletion"-Modell von Roy Baumeister...4

2.2 Stärkung der Willenskraft in der beruflichen Praxis 5
2.2.1 Beispiel 1: Prioritäten und Zielfindung 5
2.2.2 Beispiel 2: Berufsalltag gestalten/Aufgaben priorisieren..7
2.2.3 Beispiel 3: Entscheidungs-Training für Führungskräfte...9

2.3 Weiterentwicklung und Modernisierung des Modells 10
2.3.1 Kritik an Baumeisters Modell 10
2.3.2 Weiterentwicklung 10

3.FAZIT... 12

LITERATURVERZEICHNIS... III

1. EINLEITUNG

1.1 Problemstellung

Willenskraft hat einen größeren Einfluss auf den beruflichen wie den privaten Erfolg als Intelligenz.[1] Nicht verwunderlich ist daher das enorme Interesse an diesem Thema und dessen ausufernde Behandlung in der einschlägigen Ratgeberliteratur.

Entsprechend wird das Gegenteil – fehlende Selbstkontrolle – in Umfragen als am meisten verbreitete persönliche Schwäche eingestuft.[2] Hierbei geht es nicht nur um das allabendliche Abhängen vor dem Fernseher, mit der Chipstüte in der Hand, statt den Gang ins Fitnessstudio anzutreten. Im Großen wird die Tendenz sichtbar, dass wichtige Lebensziele vernachlässigt werden aufgrund des ständigen Nachgebens auf spontane Impulse und Ablenkungen. Dies führt dauerhaft zu Unzufriedenheit. Der kluge Umgang mit Willenskraft ist also nicht nur mit dem beruflichen wie privaten Erfolg verbunden, sondern ebenso mit Glück und Erfüllung im Leben allgemein.

1.2 Ziel des Assignments

Das Ziel des Assignments ist es, das Selbstkontrollmuskel-Modell des Sozialpsychologen Roy F. Baumeister darzustellen sowie Möglichkeiten des Trainings der Selbstkontrolle im beruflichen Kontext zu konkretisieren. Außerdem wird die gesellschaftliche Relevanz einer Verbesserung der Selbstkontroll-Fähigkeit erläutert.

1.3 Aufbau des Assignments

Dazu werden im einführenden ersten Teil definitorische Grundlagen um die Begriffe Selbstkontrolle und Willenskraft geschaffen sowie das Ego Depletion Modell von Baumeister beschrieben. Im zweiten Teil werden im Dienste der Praxistauglichkeit hypothetische Möglichkeiten zur Stärkung der Willenskraft im Berufsalltag vorgestellt. Im dritten Teil wird die wesentliche Kritik an dem Modell aufgezeigt und darüber hinaus die Weiterentwicklung zur modernen Fassung der Selbstkontrollmuskel-Theorie dargestellt. Im abschließenden Fazit wird das Gesamtergebnis zusammengefasst sowie der Bogen zur gesellschaftlichen Relevanz geschlagen.

---

[1] Vgl. Willmann, Erfolg durch Willenskraft, S. 7
[2] Vgl. Baumeister/Tierney, Die Macht der Disziplin, S. 8-9

2. WILLENSKRAFT STÄRKEN

2.1 Definitorische Grundlagen

2.1.1 Selbstkontrolle

Einleitend ist anzumerken, dass sich zwei Arten von psychischen Systemen unterscheiden lassen. Die eine Art übernimmt unbewußt einen großen Teil von automatisierten Abläufen, die andere übt das bewußte Denken aus. Das unbewußte System kann mehr Aufgaben bearbeiten, denn es ist sehr schnell, effektiv und multitaskingfähig. Es ist allerdings im Nachteil, wenn es um Logik geht oder Lösungen gesucht werden für unbekannte und komplexe Probleme. Hier wird auf das bewußte Denken zurückgegriffen, welches jedoch langsamer und nicht multitaskingfähig ist.[3]

Selbstkontrolle bezeichnet die Fähigkeit des kognitiven bzw. bewussten Systems, dem mächtigen unbewußten System die Zügel anzulegen.

Zur Erläuterung: Im Laufe der Evolution entwickelten bestimmte Gruppen von Menschen eine Kultur – diese ist durch Selbstkontrolle charakterisiert. Wenn Kinder am Tisch ihren Hunger zügeln bis alle Familienmitglieder Platz genommen haben, üben sie Selbstkontrolle aus. Ebenso ein Streitender, der auf eine Aggression des Gegenübers nicht mit spontaner Gegenwehr, sondern mit einer überlegten Deeskalation antwortet. Auch kulturelle Standards, auf die sich alle einigen, vereinfachen das Leben erheblich, da nicht mehr in jeder Situation neu ausgehandelt werden muss, wie nun vorzugehen sei.

> Da also die Entwicklung von Kultur in Gruppen ein evolutionärer Vorteil ist (Gruppen mit Kultur sind erfolgreicher!), gibt es Sozialpsychologen, die die Fähigkeit des Menschen zur Selbstkontrolle als Ergebnis des evolutionären Drucks zur Entwicklung von Kultur in menschlichen Gruppen sehen.[4]

Was genau passiert in dem Moment, in dem wir Selbstkontrolle ausüben? Das Selbstbewusstsein nimmt einen Abgleich vor zwischen dem, wie wir uns verhalten wollen und wie wir uns verhalten sollen – also den kulturellen Standards oder selbstgesetzten Zielen. Bei einer Abweichung passen wir unser Verhalten an das Soll an oder aber, im Fall scheiternder Selbstkontrolle, verdrängen wir die Abweichung und wenden uns dem unbewussten Affekt zu.[5]

---

3 Die falsche Annahme, es gäbe Multitasking bzw. Teil-Aufmerksamkeit, ist weit verbreitet. Wir teilen jedoch nicht auf, sondern schalten schnell um, welches unsere selektive Aufmerksamkeit schwächt (die Fähigkeit, unsere Konzentration nur auf ein Ziel zu richten und gleichzeitig eine Flut anderer Reize zu ignorieren). Vgl. Willmann, Erfolg durch Willenskraft, S. 76
4 Münscher, Selbstmanagement, S. 15
5 Vgl. Münscher, Selbstmanagement, S 16-17

Hier klingt die zweite, wichtige Dimension der Selbstkontrollfähigkeit neben der kulturellen Effizienz an: Die Fähigkeit zur Verfolgung von Langzeitzielen. Menschen, die ein hohes Maß an Selbstkontrollfähigkeit mit sich bringen, lassen sich weniger häufig von ihren Zielen durch „kurzfristige [...] Dringlichkeiten und Bedürfnisse"[6] abbringen. Diese Fähigkeit ist besonders in der heutigen Zeit wichtig, da Ablenkungen immer zahlreicher und machtvoller werden. Wenn unsere Aufmerksamkeit abgelenkt ist, geben wir leicht dem Impuls der Anstrengungsvermeidung nach.[7] Doch nicht nur Ablenkungen und Anstrengungsvermeidung beeinträchtigen unsere Zielstrebigkeit. Unsere Motivation, also die Bereitschaft, Ziele zu verfolgen, ist generell viel größer als unser Wille, also die Kraft, diese Absichten auch wirklich in die Tat umzusetzen. Selbst ohne Ablenkungen müssen wir klug entscheiden, für welche Ziele wir unsere Kraft einsetzen, denn deren gleichmäßiges Verteilen hat zur Folge, dass die verfügbare Willenskraft je Ziel zu schwach ist.[8] Auch die Menge und Priorisierung der Ziele ist also entscheidend.

Die Zielerreichung funktioniert im Alltag mit Hilfe von Gefühlen als Richtungsweiser. Im Rückkopplungsmodell von Carver und Scheier wird herausgearbeitet, wie in einer ersten Rückkopplungsschleife die hinreichende Zielerreichungsgenauigkeit – die Aktivität dient der Zielerreichung – und in einer zweiten Rückkopplungsschleife die hinreichende Zielgeschwindigkeit – das Ziel wird angemessen schnell erreicht – sichergestellt wird.[9] Hat man eine Vorstellung von einem entsprechenden Richtwert, also eine aus Erfahrung gewonnene Vorstellung darüber, wie schnell man das jeweilige Ziel erreichen sollte, wird man bei ausreichend schnellem Vorankommen positive Gefühle empfinden und bei zu langsamer Zielerreichung negative. Diese dienen dann als Antrieb, die Geschwindigkeit anzupassen, also entweder entspannt eine Pause zu machen oder durch das Erhöhen der Geschwindigkeit den Ärger zu beenden. Damit einher geht auch die Funktion der Repriorisierung von Zielen. „Je stärker ein plötzlich auftretendes Gefühl uns erfasst, desto stärker ist die signalisierte Wichtigkeit, ein anderes als das gegenwärtig fokussierte Ziel zu verfolgen."[10] Nach Carver und Scheier unterscheiden wir grundlegende Prinzipien (Sein-Ziele), konkrete Vorhaben zu deren Verwirklichung (Tun-Ziele) und die resultierenden Aktivitäten (Motorik-Ziele).

---

6 Münscher, Selbstmanagement, S. 18
7 Wir entscheiden uns also in dem Moment für die Handlungsoption, die uns leichter fällt, beispielsweise Instagram-Beiträge durchzuschauen als an der Hausarbeit weiterzuarbeiten.
8 Vgl. Willmann, Erfolg durch Willenskraft, S. 14-16
9 Vgl. Münscher, Selbstmanagement, S. 21-23
10 Münscher, Selbstmanagement, S. 24

2.1.2 Willenskraft

Selbstkontrollschwierigkeiten [sind] ein innerer Kampf zwischen abstrakteren, grundlegenderen, eher langfristigen Zielen auf der einen Seite und „automatischen Handlungen", die gleichzeitig vorhandenen oder spontan auftretenden, konkreteren, eher kurzfristigeren Zielen dienen, auf der anderen Seite.[11]

Was passiert also, wenn Selbstkontrolle scheitert? Ein Scheitern kann daran liegen, dass die verschiedenen Zielebenen nicht ausreichend definiert sind.[12] Ein anderer Grund für das Scheitern kann sein, dass die Person nicht über genug Ressourcen verfügt, „um sowohl die Selbstüberwachung und den Vergleich mit den Standards bzw. Sollwerten zu leisten als auch [...] entsprechende Verhaltensanpassungen vorzunehmen."[13] Die Ressource, die hier angesprochen wird, nennt der Volksmund Willenskraft. Sie wird benötigt, um Selbstkontrolle bzw. Selbstdisziplin auszuüben.

Roy Baumeister fand in den 1980er Jahren heraus, dass es sich dabei um eine Art von Energie handelte, die sich bei der Willenskraft-Ausübung verbraucht, die also abnimmt. Nach einer nicht besonders beachteten Buchveröffentlichung gelang es Baumeister, durch Experimente nachhaltige Beweise für seine Entdeckung zu sammeln. Seine folgende Publikation in einem Fachmagazin löste eine weite Verbreitung seiner These aus.

Die Wirkung des Aufsatzes war umfassend und hält bis heute an: Inzwischen gibt es über 1300 Studien, die den Ansatz Baumeisters in alle Richtungen getestet, hinterfragt, bestätigt bzw. weiterentwickelt haben [...]. [Es gibt] wenige Forschungsparadigmen innerhalb der Psychologie, die sich auf eine so umfassende und solide Datenbasis stützen können.[14]

2.1.3 „Ego Depletion"-Modell von Roy Baumeister

Baumeister konnte also nachweisen, dass bei Ausübung von Selbstkontrolle Willenskraft aufgewandt wird und diese sich dabei erschöpft[15], da bei einer zeitlich direkt anschließenden Selbstkontroll-Aufgabe weniger dieser Energie vorhanden ist und die

---

11 Münscher, Selbstmanagement, S. 27
12 Es fällt schwer, den spontanen Bedürfnissen und Ablenkungen zu widerstehen, wenn man gar nicht genau weiß, was man statt dessen tun soll, um langfristige Ziele zu erreichen oder welche dies eigentlich sind.
13 Münscher, Selbstmanagement, S. 28
14 Münscher, Selbstmanagement, S. 28
15 Diese Erschöpfung wird folgendermaßen deutlich: Impulsives Verhalten nimmt zu (Aggression, sexuelles Fehlverhalten, Spontankäufe, übermäßiges Snacken und übertriebener Alkoholkonsum), Zunahme des Urteilens nach Vorurteilen, unangenehme Gedanken und Emotionen lassen sich weniger leicht ausblenden. Auch andere Aufgaben des bewusst-willentlichen Kognitionssystems werden in Mitleidenschaft gezogen: Entscheidungsfehler und Passivität nehmen zu, Gewohnheiten lassen sich nicht durchbrechen, Planlosigkeit, Heuristiken (Daumenregeln) werden logischer Analyse vorgezogen. Vgl. Münscher, Selbstmanagement, S. 31-32

Testperson entsprechend schlechter abschneidet.

Baumeister erkannte Parallelen zu seinen Erkenntnissen in Äußerungen von Sigmund Freud.[16] „Als Verbeugung in Richtung des Vaters der Psychoanalyse und in Anlehnung an dessen Begriff „Ich" griff Baumeister auf das Wort „Ego" zurück. So wurde der Begriff der „Ego Depletion" oder „Selbsterschöpfung" geprägt, mit dem Baumeister unsere schwindende Fähigkeit bezeichnet, unserer Gedanken, Gefühle und Handlungen zu regulieren."[17] In zahlreichen Experimenten erhärtete sich die Beobachtung der Selbsterschöpfung. Ebenso konnte jedoch nachgewiesen werden, dass Regeneration durch Pausieren möglich ist und dass durch Training der Selbstdisziplin die Ausdauer der Willenskraft verbessert wird.[18] Da sich ein Muskel ebenso durch Übung aufbaut, wurde dieser als Metapher für die Willenskraft gewählt.

2.2 Stärkung der Willenskraft in der beruflichen Praxis

Forscher der London Business School und der Universität St. Gallen haben bereits vor einigen Jahren herausgefunden, dass Willenskraft als Umsetzungskompetenz erforderlich ist, um den wachsenden Anforderungen des Arbeitslebens zu entsprechen und Wirkung zu erzeugen. Doch nur 10 % der Führungskräfte und noch weniger der Mitarbeiter und Teams verfügen über die geforderten Umsetzungskompetenzen.[19]

Ergo ist ein großer Verbesserungsbedarf in diesem Bereich vorhanden.

Auf Basis des Modells von Baumeister werden hierzu drei hypothetische Möglichkeiten ausgearbeitet, die demonstrieren, wie Willenskraft, die in einem beruflichen Kontext relevant ist, durch Übung gestärkt werden kann.

2.2.1 Beispiel 1: Prioritäten und Zielfindung

Das Instrument, jährliche Mitarbeitergespräche abzuhalten und in dem Rahmen Ziel-Abstimmung zu leisten, ist weit verbreitet. Hier geht es um die konkreten beruflichen Ziele, die dann in der Folge als Orientierungsmaßstab benutzt werden, um Erfolg zu überprüfen, Gehaltserhöhungen zu entscheiden etc.. Mit dem Hintergrund der Willenskrafttheorie sollte dieses Vorgehen erweitert werden.

Anfangs gilt es zu klären, welche grundlegenden Lebens-Ziele, ein Mitarbeiter hat und wie

---

16 Bei Freud ging es in eine andere Richtung. Er meinte, durch Sublimierung (Umformung eines Triebes) werde die Energie unserer Instinkte in gesellschaftlich verträgliche Form gebracht. Diese Theorie wurde später von der Forschung verworfen, aber die Wahrnehmung einer Energie in dem Zusammenhang ist eine Parallele zu Baumeisters Theorie. Vgl Baumeister/Tierney, Die Macht der Disziplin, S. 40
17 Baumeister/Tierney, Die Macht der Disziplin, S. 40-41
18 Vgl. Vohs/Baumeister, Self-Regulatory Strength, S. 79
19 Langheinrich, Willenskraft, S. 237

diese mit den Zielen im beruflichen Bereich bzw. der konkreten Arbeitsstelle harmonieren. Sollten sie nicht miteinander in Einklang zu bringen sein, ist die Folge das beständige Kreisen der Gedanken um diese Unvereinbarkeit – die körperliche und geistige Gesundheit leidet.[20] Fällt hingegen die Zielverfolgung leicht, ist das ein klares Zeichen dafür, dass eine hohe Übereinstimmung von Zielen und unbewussten Bedürfnissen vorliegt. Eine tiefgreifendere Betrachtung und Analyse der privaten Zielen sollte daher in den Ablauf der Mitarbeitergespräche eingebaut werden, um hier ggf. eine Passungsproblematik angehen zu können. Eine geschulte Führungskraft kann bei der Auflösung von Zielkonflikten sowie der Definition von untergeordneten Teilzielen und Strategien entscheidende Hilfestellung leisten.[21] Mitunter ist es nicht einfach, die Ziele herauszuarbeiten, da Erwartungen von Freunden, Kollegen oder der Familie unbemerkt Einfluss ausüben. Da hierbei sinnlos Willenskraft verschwendet wird[22] ist es perspektivisch umso wichtiger, diesen Fremdeinfluss zu analysieren und zu minimieren.

Beim Erarbeiten von Zielen sollte die Führungskraft zwar anleiten, die Hauptarbeit jedoch dem Mitarbeiter überlassen. Denn gemäß der Motivationstheorie nach E. Deci & R. Ryan ist die Handlungsmotivation in Bezug auf die Ziele höher, wenn sie als selbstbestimmt begriffen und weniger von außen diktiert wird. Ebenso motivationsfördernd ist die Wahrnehmung der Ziele als förderlich für die persönlichen Beziehungen und die Entwicklung der eigenen Kompetenzen.[23]

Diese Art von Zieldefinitions-Übung kann sich, im beruflichen Kontext eingesetzt, auch als inspirierend für den privaten Bereich erweisen. Ein entsprechendes Training der Führungskräfte, hier entsprechend gut anzuleiten, erscheint vielversprechend.[24]

---

20 „Bis ungefähr zum siebten Lebensjahr entwickeln sich unsere Bedürfnismuster, danach verändern Sie sich kaum mehr. Deshalb können wir unsere Bedürfnisse auch nicht bewusst steuern. Und deshalb ist es wichtig Ziele zu wählen, die zu unseren Bedürfnissen passen." Biologische Bedürfnisse sind Existenz-Bedürfnisse (Hunger, Durst, Schlaf, Sex), soziale Bedürfnisse sind Anschluss-Bedürfnis (Freundschaft, Familie, Partnerschaft), Machtbedürfnis (Status, Einfluss, Geld) und Leistungsbedürfnis (Erfolg, Anerkennung, Selbstverwirklichung). Vgl. Willmann, Erfolg durch Willenskraft, S.26
21 Dabei muss die Persönlichkeit des Mitarbeiters immer mit beachtet werden. Menschen, die mit Eifer ihre Ziele anstreben und ihre Aktivitäten darauf ausrichten, sind zu unterscheiden von Menschen, die eher präventiv vorgehen und immerzu versuchen, Fallstricke in ihrem Leben zu vermeiden.Vgl. Vohs/Baumeister, Self-Regulatory Strength, S.144. Unterscheiden kann man sie anhand der geäußerten Emotionen: Bei Aktivitäten, die etwas erreichen wollen, kommt es bei hoher Zielerreichungsgeschwindigkeit zu Stolz, positiver Aufgeregtheit und Eifer, bei zu niedriger Geschwindigkeit zu Ärger, Frustration und Traurigkeit. Vermeidende Aktivitäten hingehen ziehen als positive Gefühle Erleichterung und Zufriedenheit nach sich, als negative Besorgnis, Furcht und Schuldgefühle. Vgl. Münscher, Selbstmanagement, S. 23
22 Vgl Willmann, Erfolg durch Willenskraft, S. 28
23 Vgl. Münscher, Selbstmanagement, S. 55
24 Weitere Trainingsbestandteile neben der Analysekompetenz können sein: Wie können Ziele gestärkt werden? (Emotionaler Zugang, Symbole) Wie können Ziele konkret umgesetzt werden? Etc.

2.2.2 Beispiel 2: Berufsalltag gestalten/Aufgaben priorisieren

Drei Zielebenen lassen sich unterscheiden: Übergeordnete *Ziele*, die sich in *Strategien* konkretisieren, welche sich wiederum auf tägliche *Aufgaben* herunterbrechen lassen.[25] Im Berufsalltag nehmen diejenigen Zielkonflikte einen großen Raum ein, bei denen die täglichen Aufgaben miteinander konkurrieren. Hier kann Mitarbeitern Hilfestellung gegeben werden, indem die Führungskraft kontinuierlich bei der Priorisierung unterstützt sowie ein kluger und ressourcensparender Umgang mit der Willenskraft erläutert wird.

Der Schlüssel dazu ist die sog. Wiedervorlagemappe. Sie beinhaltet, dass Aufgaben, die ad hoc nicht erledigt werden können, in einer Art und Weise bearbeitet werden, dass das Gehirn sie dennoch als erledigt wahrnimmt. Dies geschieht, indem der nächste machbare Teilschritt definiert und terminiert wird. Ist er so konkret wie nur möglich formuliert, erscheint dem Gehirn die Anstrengung, ihn zu bewältigen, nicht hoch.[26] Der zuerst 1927 von der russischen Psychologin Bljuma Wulfowna Zeigarnik entdeckte und nach ihr benannte Zeigarnik-Effekt zeigt, dass nicht erledigte Aufgaben und Ziele einen Strom an inneren Ermahnungen auslösen, die vor deren Erledigung nicht verstummen. „Die nagenden Gedanken sind kein Zeichen, dass das Unbewusste an der Erledigung der Aufgabe arbeitet oder das Bewusstsein traktiert, sie zu erledigen. Das Unbewusste fordert das Bewusstsein viel mehr auf, einen Plan zu erstellen. Das kann das Unbewusste offenbar nicht allein, deshalb klingelt es, bis das Bewusstsein Ort, Zeit und andere Einzelheiten in einem Plan festlegt."[27] Beim Erhalt einer Aufgabe sollte zunächst entschieden werden, ob sie erledigt, delegiert, weggeworfen wird oder in die Wiedervorlagemappe kommt. Hilfreich ist in dem Zusammenhang auch die 2-Minuten-Regel: Aufgaben, die weniger als 2 Minuten dauern, sollten direkt erledigt werden.[28]

Klug mit seiner Willenskraft umzugehen würde außerdem bedeuten, Ablenkungen auszublenden[29] oder gleich abzuschaffen.[30] Führungskräfte können ihre Mitarbeiter dazu

---

25 Beispiel: Zum übergeordneten Ziel „gesund leben", konkretisieren sich Strategien wie „gesund essen", „Sport treiben" und „ausreichend schlafen". Aus „gesund essen" entsteht dann beispielsweise als tägliche Aufgabe/Aktivität die Zubereitung einen frischen, nährstoffreichen Salats zum Mittagessen.
26 Notiert man „Finanzplanung optimieren" in der To-Do-Liste, wirkt das abschreckend im Vergleich zu „Haushaltsbuch-Excel von Seite XY herunterladen und mit den Daten von Q1 befüllen".
27 Baumeister/Tierney: Die Macht der Disziplin, S. 105
28 Vgl. Baumeister/Tierney: Die Macht der Disziplin, S. 105
29 Beispiel: Morgens, wenn die Willenskraft noch frisch und unverbraucht ist, anderthalb Stunden mit einer Aufgabe verbringen, die anspruchsvoll ist und viel Konzentration erfordert, dabei das Email- und Nachrichten-Programm ausschalten.
30 Vgl. Willmann, Erfolg durch Willenskraft, S. 111

anhalten, das Phänomen der Teilaufmerksamkeit zu vermeiden. Das bedeutet, nicht während des Mittagessens Emails zu checken und nicht parallel zum Kundentelefonat an einer Präsentation zu feilen. Spürbare Unterstützung bieten Manager, die ihre Mitarbeiter nicht ständig bei der Arbeit unterbrechen.[31]

Ausreichend Schlaf, Pausen und Nahrungsaufnahme sind wichtig[32], ebenso ein aufgeräumter Arbeitsplatz, denn es gibt „einen Zusammenhang zwischen äußerer Ordnung und innerer Selbstdisziplin, in einer aufgeräumten Umgebung bringt man mehr Selbstdisziplin auf."[33]

Seine Mitarbeiter dazu anzuhalten, sich an diese recht einfachen Vorgaben zu halten, verbessert nicht nur deren Effizienz, sondern trainiert auch die Willenskraft. Sich zu planvollem und strukturiertem Vorgehen zu zwingen, Ablenkungen auszublenden, ist Willenskraft-Training. Über längere Zeit aufrecht erhalten, werden diese Arbeitsmethoden zur Gewohnheit und erfordern dann keine Kraft mehr.[34]

Selbstdisziplin in einem Lebensbereich wirkt sich auch positiv auf die anderen aus.[35] Mit dieser Anmerkung kann man die Motivation der Mitarbeiter hinsichtlich der genannten Anweisungen erhöhen[36] und ihnen gleichzeitig weitere Vorschläge für Selbstdisziplin im Privaten unterbreiten. Insgesamt lässt sich so die Zufriedenheit durch eine Steigerung der Selbstdisziplin im Leben erhöhen.

Beispiele für einfache Willenskraft-Übungen:

- Sich zwingen, die Türen mit der nicht dominanten Hand zu öffnen
- Täglich 5 Minuten Atemmeditation[37]
- Zwei Monate täglich Fitnessübungen absolvieren

---

31 „Wir können nur zwischen verschiedenen Inhalten umschalten, was unsere Konzentration immer wieder unterbricht. Dadurch geht Zeit für die ursprüngliche Aufgabe verloren. Studien belegen das es 10-15 Minuten dauert bis wir nach einer Unterbrechung von über 20 Sekunden die volle Konzentration auf eine Aufgabe wieder hergestellt haben." Willmann, Erfolg durch Willenskraft, S. 166-167

32 Vgl. Willmann, Erfolg durch Willenskraft, S. 93

33 Baumeister/Tierney: Die Macht der Disziplin, S. 194

34 Automatisieren: Etwas zu tun fällt leicht, wenn es Spaß macht oder wenn man gar nicht mehr drüber nachdenken muss. Automatisierung kommt nur durch Wiederholung und Einübung zustande. Je nachdem, was wir wiederholt denken, empfinden und tun, verschalten sich unsere Nervenzellen. Gehirnforscher schätzen, dass es 6-9 Monate dauert, um eine neue Tätigkeit auf Autopilot zu schalten. Vgl. Willmann, Erfolg durch Willenskraft, S. 124-126

35 Vgl. Baumeister/Tierney: Die Macht der Disziplin, S. 169-170

36 Beispiele positiver Auswirkungen von regelmäßigen Selbstkontroll-Übungen: stärkere Vermeidung stereotypen Verurteilens, mehr Erfolg bei der Aufgabe des Rauchens, mehr Erfolg bei der Vermeidung aggressiver Reaktionen auf provozierendes Verhalten des Lebenspartners etc., vgl. Münscher, Selbstmanagement, S. 59.

37 Vgl Willmann, Erfolg durch Willenskraft, S. 116

- Zwei Wochen auf Süßigkeiten verzichten[38]

2.2.3 Beispiel 3: Entscheidungs-Training für Führungskräfte

Führungskräfte sind in besonderem Maße von Ego Depletion betroffen, da auch das Fällen von Entscheidungen Willenskraft verbraucht. Sie müssen zweifellos mehr wichtige Entscheidungen treffen als normale Angestellte. Allerdings ist relativierend anzumerken, dass Menschen, die von ihrer persönlichen Grundlage her über mehr Willenskraft und Entscheidungskompetenzen wie -routine verfügen, naturgemäß auch eher eine Führungskräfte-Laufbahn einschlagen, da dies mit ihrer Persönlichkeit harmoniert.

Trifft man also den ganzen Tag über Entscheidungen, tritt eine Ermattung ein und das Bedürfnis, Kräfte zu sparen. Eine Entscheidungsvermeidung oder -aufschiebung ist oft das Resultat. Denn durch Beibehaltung des Status Quo bleiben alle Optionen offen.[39]

Lässt die Qualität der Führungsentscheidungen nach, wird sich das in einer Wirtschaftswelt, die immer schnelleren Veränderungen unterworfenen ist, negativ auswirken. Zumal Ablenkungen und Verlockungen parallel stetig zunehmen und jegliche Willenskraft, ob von Führungskraft oder nicht, auf die Probe stellen.

Ein erster Schritt, um Führungskräfte hier zu unterstützen, ist zunächst einmal das Bewusstsein für diesen Umstand zu schaffen. Als einfaches Korrektiv kann das Haushalten mit der Terminierung von Entscheidungen angewandt werden, diese also gleichmäßig auf die verschiedenen Wochentage verteilen und den Tag mit wichtigen Entscheidungen beginnen, mit weniger wichtigen ausklingen lassen.[40] „Die Fähigkeit, Kompromisse einzugehen, ist eine fortschrittliche und besonders schwierige Form der Entscheidungsfindung, weshalb wir sie als erstes einbüßen wenn unser Wille erlahmt."[41] Wenn also Kompromissfindung wie bei Mitarbeiter- oder Konfliktgesprächen nötig ist, sollten diese in der ersten Tageshälfte terminiert werden.

Neben der Terminierung können Führungskräfte auch dazu angehalten werden, das Bewusstsein um die individuelle Ego Depletion zu schärfen und sich situativ anzupassen. Zeichen, die eine Erschöpfung der Willenskraft offenbaren[42], können zu einer

---

38 Vgl. Münscher, Selbstmanagement, S. 58
39 Vgl. Baumeister/Tierney: Die Macht der Disziplin, S. 116
40 Vgl. Willmann, Erfolg durch Willenskraft, S. 160
41 Baumeister/Tierney: Die Macht der Disziplin, S. 130
42 Fragen könnten sein: Ärgere ich mich gerade mehr als sonst? Fällt es mir plötzlich schwer, in einfachen Dingen eine Meinung zu bilden? Habe ich weniger Lust, mich geistig oder körperlich anzustrengen? Vgl. Baumeister/Tierney: Die Macht der Disziplin, S. 302

Erholungspause oder einer Vertagung von Entscheidungen anregen.

2.3 Weiterentwicklung und Modernisierung des Modells

2.3.1 Kritik an Baumeisters Modell

Der Schwerpunkt der Kritik an Baumeisters Theorie wandte sich gegen den Aspekt seines Verständnisses, dass die Ego Depletion nicht zu verhindern sei.

Es wurden Umstände entdeckt, die die Selbsterschöpfung überwinden bzw. zeitweise aufhalten konnten. Wenn man in eine besonders positive Stimmung versetzt wurde, ermutigt ist, sich autonom und verantwortlich zu fühlen oder erfolgreich unbegrenzte Willenskraft suggeriert wird, gelingt die nachfolgende Selbstkontrollaufgabe ohne Erschöpfungseinbußen.[43] Es handelt sich dabei also um psychologische Tricks, die beweisen, dass es sich bei der Ego Depletion nicht um eine absolute Erschöpfung handelt. Vielmehr hat der Körper noch Ressourcen, die er in einer normalen Situation künstlich verknappt, um sich einen letzten Rest für Notsituationen aufzuheben.

Im Rahmen der Forschung rückte außerdem die Glukose in den Betrachtungsmittelpunkt. Denn es zeigte sich „ganz klar, dass der Blutzuckerspiegel einen Einfluss auf die Fähigkeit zur Selbstkontrolle hat. Wenn unser bewusst-willentliches Kognitionssystem arbeitet, wird Glukose verbraucht."[44] Bei einem niedrigen Level gelingt die Selbstkontrolle weniger gut. Auch konnte gezeigt werden, dass der Glukoseverbrauch sinkt, wenn die Tätigkeiten habitueller werden, also durch Automatisierung zur Gewohnheit gemacht wurden.[45] Den Blutzuckerspiegel als alleinigen Determinator für die Willenskraft anzunehmen, lag nahe, wurde jedoch wieder verworfen, da nachgewiesen wurde, dass der Verbesserungs-Effekt bereits durch das Kosten von süßen Getränken ohne Runterschlucken eintrat, was den Blutzuckerspiegel nicht anhob. Es zeigte sich also, dass die Erschöpfung von Willenskraft ein weitaus komplexeres Thema war, als bislang angenommen und in Baumeisters Modell berücksichtigt.

2.3.2 Weiterentwicklung

Baumeister verfeinerte entsprechend sein Modell und prägte den Begriff der Selektiven

---

43 Vgl. Münscher, Selbstmanagement, S.35
44 Münscher, Selbstmanagement, S. 34
45 Vgl. Münscher, Selbstmanagement, S.34

Ressourcenzuweisung. Für den Köper

> sinnvoll ist eine situationsadequate Ressourceneinteilung, die Kräfte spart, wo es möglich
> oder angebracht ist, sodass vermieden werden kann, dass die Notreserven angetastet
> werden müssen. [...] Wenn eine größere Notwendigkeit besteht (z.b. Bewerbungsschluss
> oder Vorlage eines wichtigen Berichts beim Chef) oder wenn es Gründe oder Signale
> dafür gibt, dass genug Energie zur Verfügung steht [...], dann kann weitere Energie für
> Selbstkontrolle freigegeben werden.[46]

Aus der klinischen Psychologie entstammt die Vorstellung, dass man im Körper

> eine Art „zentrale Zuweisungsstelle" für Glukose annehmen sollte. Diese verwaltet die
> Glukosevorräte des Körpers[47] und übernimmt deren situative Zuweisung an die
> unterschiedlichen Glukoseverbraucher innerhalb des Körpers.[48]

Neben dem Gehirn als Glukose-Verbrauchsstelle für den Betrieb des bewusst-willentlichen

Kognitionssystems dient die Glukose als Hauptenergielieferant für den Körper allgemein.

Erhöhten Bedarf hat z.B. zeitweise das Immunsystem.

> Die Fähigkeit zur spontanen Versorgung des Immunsystems mit Glukose hat [...] eine
> gewisse Priorität für den Körper. Wenn man bedenkt, wie Menschen zu früheren Zeiten
> lebten, dann muss man davon ausgehen, dass sie häufig mit Infektionsquellen durch
> kleinere Schnitte, Prellungen o. Ä. zu kämpfen hatten [...] Derartige Überlegungen
> zeigen, dass die Annahme von Körpermechanismen zum sparsamen Haushalten mit
> Glukose alles andere als abwegig ist. Es könnte sein, dass kontinuierliche Selbstkontrolle
> einen Glukoseverbrauch mit sich bringt, der unserer zentralen Glukose-Zuweisungsstelle
> nicht nachhaltig erscheint. Dann wird sicherheitshalber erst einmal die Zuweisung
> gedrosselt.[49]

Diese Vorstellung passt auch zu Studienergebnissen, die zeigen, dass die Erwartung

weiterer anstrengender Selbstkontroll-Aufgaben die Ego Depletion erhöht. Ebenso hat die

Voraussicht über die verbleibende Länge der Aufgabenbearbeitung einen Einfluss auf den

Einsatz der Energie.

> Mit einem verstärktem Energieverbrauch im Gehirn bei der Ausübung von Selbstkontrolle
> könnte dann eine Drosselung der Zuweisung an andere Stellen – wie beispielsweise
> Herz oder Leber – einhergehen. Tatsächlich zeigt sich, dass sich – wenn wir in starkem
> Maße Selbstkontrolle ausüben – sowohl die Leberfunktion als auch der Herzschlag
> reduzieren.(vgl. Eisnelohr-Mout et al. 2012, Göbel et al. 2013; Segerstrom et al. 2012)[50]

Dies führt eindrücklich vor Augen, dass das übermäßige Ausüben von Selbstkontrolle

gesundheitlich nicht unproblematisch ist.[51] Und umso wichtiger wird ein planvoller,

effizienter, aber nicht übertriebener Einsatz dieser wichtigen Ressource.

---

46 Münscher, Selbstmanagement, S. 36
47 Zuerst wird auf die im Blut vorhandene Glukose zugegriffen. Außerdem ist sie in verschiedenen Organen
   in Form von Glykogen gespeichert.
48 Münscher, Selbstmanagement, S. 37
49 Münscher, Selbstmanagement, S. 37
50 Münscher, Selbstmanagement, S. 38
51 Zu Schwierigkeiten kann es kommen, wenn man zu viele unterschiedliche und anstrengende
   Selbstkontroll-Trainings parallel absolviert. Nimmt man sich jedoch einen Bereich nach dem anderen vor
   und arbeitet mit der Automatisierung – dass also Tätigkeiten zur Gewohnheit werden und so keine
   Energie mehr verbrauchen – kann man durch die sukzessive Angewöhnung solcher „guten
   Gewohnheiten" besser Fortschritte in Sachen Selbstkontrolle herbeiführen.

3. FAZIT

Erfolg ist nicht primär die Folge einer außerordentlichen Anstrengungs- und Verzichtsbereitschaft, sondern das Ergebnis eines klugen Umgangs mit Willenskraft. Führungskräfte sollten es als wichtige Aufgabe betrachten, die Wiederherstellung, Stärkung oder den Ausbau der Selbstmanagement-Fähigkeiten ihrer Mitarbeiter oder auch anderer Führungskräfte voranzutreiben.[52]

Folgende Thesen als Verhaltensleitlinie für Führungskräfte lassen sich zusammenfassen:

- Persönliche Ziele und Lösung von entsprechenden Zielkonflikten ganzheitlich in Mitarbeitergespräche einbinden

- Konkrete Hilfestellung in Bezug auf den Berufsalltag: Priorisierung von Aufgaben, störungsfreie Arbeitsumgebung, effiziente Abarbeitung von Aufgaben (Wiedervorlagemappe), Einhaltung von Pausen, Pflege der Ordnung

- Mitarbeiter vor übermäßigen oder unnötigen Anforderungen und Ablenkungen schützen und sie gleichzeitig selbstkontrolliert arbeiten lassen

- Führungskräfte zum Haushalten ihrer Entscheidungen anregen

- Glauben an die Unerschöpflichkeit der Willenskraft fördern[53]

- Mitarbeiter ermutigen, die Willenskraft als Muskel zu betrachten, der durch Training gestärkt werden kann, der Belastung durch neue Herausforderungen wie auch Regeneration benötigt

- Willenskrafttraining im Beruf zieht Verbesserung im Privaten nach sich

Der Ansatz, an der Willenskraft wie geschildert zu arbeiten, ist nicht nur dem Zweck des unternehmerischen Erfolges dienlich. Hier kommt die gesamtgesellschaftliche Verantwortung, die Unternehmen idealerweise auch tragen, zur Geltung. Die Problematik der mangelnden Selbstdisziplin kann heute als Wurzel einer Vielzahl von persönlichen und gesellschaftlichen Problemen gesehen werden.[54] Vor diesem Hintergrund könnte der Schlüssel zu kulturellem Fortschritt darin liegen, wie effektiv die Menschen ihre Fähigkeit

---

52 Vgl. Münscher, Selbstmanagement, S. 71
53 Dies kann im Fall von besonderen Anstrengungen die Ego Depletion vermindern.
54 „Zwanghafter Konsum, Verschuldung, Gewalt, schlechte schulische Leistungen, mangelnde Produktivität am Arbeitsplatz, Alkohol- und Drogenmissbrauch, ungesunde Ernährung, mangelnde sportliche Betätigung, chronische Angst, Jähzorn..." Baumeister/Tierney, Die Macht der Disziplin, S. 8

zur Selbstkontrolle verbessern und wie gut die Gesellschaft strukturiert ist, um ihren Mitgliedern die Möglichkeit zu geben, diese zu entwickeln.[55] Die entsprechende Einflussnahme durch den Arbeitgeber beurteile ich als essentiell für dieses Vorhaben. Gelingt es, Mitarbeiter generell in ihrem Leben glücklicher und zufriedener zu machen, wirkt sich das auch positiv auf die Mitarbeiterbindung aus, die in Zeiten demographischen Wandels eine große Rolle für den Unternehmenserfolg spielt.

---

55 Vgl. Vohs/Baumeister, Self-Regulatory Strength, S.79

LITERATURVERZEICHNIS

Bauer, Isabelle M./Baumeister, Roy F. (2011)
Self-Regulatory Strength, in: Vohs, Kathleen D./Baumeister, Roy F. (Hrsg.), Handbook of Self-Regulation – Research, Theory, and Applications, 2. Auflage, New York, S. 64-82

Baumeister, Roy/Tierney, John (2014)
Die Macht der Disziplin – Wie wir unseren Willen trainieren können, 5. Auflage, München

Fabian, Claudia (2019)
Willensstärke – die große Kraft in dir, Darmstadt

Langheinrich, Michael (2016)
Willenskraft – Wenn Aufgeben keine Alternative ist, Göttingen

Münscher, Prof. Dr. Robert (o.J.)
Psychologische Handlungskompetenz - **Selbstmanagement** und Selbstführung, AKAD-Lerneinheit, Stuttgart

Vopel, Klaus W. (2015)
Die Kraft des Willens – ein Trainingsprogramm für Selbstkontrolle und Aufmerksamkeit, Salzhausen

Willmann, Hans-Georg (2015)
Erfolg durch Willenskraft – Wie sie mehr von dem erreichen, was Sie sich vornehmen, Offenbach